fernand ollort

ISBN 979-8-9852859-1-8.

Traducción al español por Christina Smith y Jeannette Aleman.

Diseño gráfico y diagramación por Roberta Morris, Leave It to 'Berta.

Arte de portada: *En Medio del Pueblo*, Fernando Llort, 2002.

Fundación de Fernando Llort.

Fotografías del arte de Fernando Llort, proporcionado por la Fundación de Fernando Llort, San Salvador, El Salvador, Juan Pablo Llort, presidente.

Imagen del mapa © iStock/bgblue

Impresión por Story Tree Prints, Great Falls, VA 2022.

Para más información, correo eléctronico: ahrensted@gmail.com.

PINTANDO ALEGRIA: EL ARTE Y LA VIDA DE FERNANDO LLORT

Fernando Llort Choussy

(1949-2018)

Por Teddi Ahrens

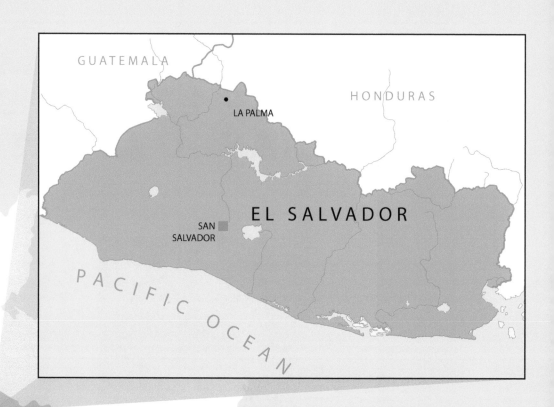

AGRADECIMIENTOS

ANTES DE CONOCER A FERNANDO LLORT, ya me fascinaban sus pinturas y cómo había transformado el pueblo de La Palma. Quería contarle al mundo su historia y su convicción en el poder del arte. Él respondió a todas mis preguntas y accedió a que escribiera su historia y me despidió con un cálido abrazo. Debo un agradecimiento especial a su hijo Juan Pablo, a su hija María José, a su amada esposa Estela, a su hermana, a su prima y a los muchos amigos que me confiaron sus recuerdos e historias. No pudiera haber escrito este libro sin su apoyo.

Gracias a mi amiga Archer Heinzen y compañeros en mi primer viaje a El Salvador con Co-Partners de Campesinas en 2012. Regresé otras seis veces porque me enamoré del pueblo salvadoreño y de su país. Muchas gracias a Julie Williams, mi amiga viajera que me acompañó y que me ha apoyado de muchas maneras.

Debo mucho aprecio a mi grupo de escritores, Terry Jennings, Judith Tabler y Kim Waxman, las quienes se encargaron de muchos, muchos borradores del manuscrito original.

A mi querida amiga Ellen McFarland, que siempre ha estado allí ayudándome a intercambiar ideas, a recuperarme de los desastres informáticos y brindándome incontables horas de lectura, edición y aliento. Mi amor y gratitud.

A la gente de Highlights Foundation, mi agradecimiento por la facultad inspiradora, sobretodo Nancy Werlin, Sarah Aronson y Leda Schubert, y los talleres que marcaron la diferencia.

En memoria de la Hermana Celestine FSPA, cuyas exuberantes enseñanzas y notas sobre mis ensayos universitarios me alentaron a seguir escribiendo.

Y a mi esposo Tom, y a Joe, Mike y Kate, mi amor y gratitud por su paciencia y buen humor, acompañándome en mi búsqueda de aventuras, y por su apoyo a la escritura que esos viajes inspiraron.

TABLA DE CONTENIDO

1. *Colores* (Colors), Fernando Llort, 1980. Fernando Llort Foundation.

PRINCIPIOS

DESDE MUY PEQUEÑO, a Fernando Llort le encantaba dibujar. Cuando era niño, dibujaba las imágenes que imaginaba en trozos de papel, y cuando jugaba al aire libre, esculpía la arcilla en forma de colinas, casas o animales. Pero nunca imaginó que un día sus dibujos cambiarían el destino de un pueblo y restaurarían el sentido de identidad de la gente de su país.

Fernando creó sus diseños combinando un poco de fantasía con símbolos usados por los ancestros mayas de los salvadoreños actuales. *Colores* (fig. 1) retrata un paisaje con casas a lo largo de caminos empedrados, plantas y animales. Las personas están vestidas con vestimenta inusual, que incluye lo que parece un conquistador con casco y un maya con su tocado y collar. El arte y los diseños mayas adornan el toro y los espacios abiertos. El pueblo de El Salvador se reconoció a sí mismo y a su campo en estas imágenes. Las imágenes también los despertaron a sus antiguas raíces y al orgullo por su patrimonio cultural. Fernando se convirtió en su amado artista nacional.

Fernando Llort Choussy nació el 7 de abril de 1949, el cuarto de seis hijos, en San Salvador, la ciudad más grande y capital de El Salvador. Su madre fue Francia Victoria Choussy y su padre fue Baltasar Llort Escalante. Fernando se crió como católico y su infancia fue una mezcla feliz de juegos y travesuras con su hermana, cuatro hermanos y su perro pastor alemán y un loro. Y siempre le gustó dibujar.

Cuando era joven, su padre ayudó a buscar sobrevivientes del devastador terremoto de Jucuapa de 1951, no lejos de San Salvador. Profundamente conmovido por la experiencia, fundó el Cuerpo de Rescate Voluntario de la Cruz Roja Salvadoreña y se convirtió en un humanitario dedicado. Ambos padres enseñaron a sus hijos con su ejemplo a honrar la dignidad de todas las personas y a ayudar a cualquiera que vieran que estaba en problemas.[1]

Durante las vacaciones y los largos y calurosos veranos, la familia Llort pasaba semanas en La Palma, un pequeño pueblo enclavado en las montañas a unas dos horas al norte de su hogar en San Salvador. Su cabaña, como muchas otras en La Palma, no tenía electricidad ni plomería interior, pero estaba rodeada de belleza y refrescada por la brisa de la montaña. Y había mucho espacio para que Fernando y sus hermanos jugaran y exploraran. Nadaron en el arroyo, vagaron por el bosque, atraparon serpientes y moldearon formas con la tierra arcillosa. Fernando pronto descubrió que también podía esculpir figuras de arcilla. La Palma siempre sería su lugar favorito en el mundo.[2]

Un año, cuando terminó el verano, Fernando no quiso quedarse en casa cuando sus hermanos se iban a la escuela. Lloró y rogó a sus padres que lo dejaran ir también. Aunque solo tenía cuatro años, persuadieron al director de la escuela para que lo admitiera en primer grado. Fernando se alegró aún más cuando se dio cuenta de que la escuela significaba tener acceso a papel y cuadernos, y no pudo resistirse a dibujar en lugar de prestar atención en clase. Al ver los mapas que creó, su maestra de geografía invitó a Fernando a usar la pizarra y mostrar a los otros niños cómo hacerlo.

2. Escultura jaguar, César Sermeño, 1986. Museo de Arte de El Salvador. Foto de uso gratuito.

3. Escultura de jaguar, sitio arqueológico de Cihuatán, 900-1250 d.C. Museo Nacional de Antropología, San Salvador. Foto de uso gratuito.

Dilemas

Debido a que había comenzado la escuela tan joven, Fernando tenía solo 15 años cuando se graduó de la escuela secundaria en octubre de 1964. Después de graduarse, se esperaba que los jóvenes se matricularan en la universidad, tomaran cursos vocacionales o comenzaran a trabajar. Fernando ya estaba más interesado en el arte y la pintura y no quería hacer nada más. Su padre esperaba que continuara su educación como sus hermanos mayores, pero en arquitectura, no en arte. Fernando tenía que respetar las decisiones de su padre, por lo que postuló a la Escuela de Arquitectura de la Universidad de El Salvador y fue aceptado. Sus clases no comenzarían hasta la primavera, por lo que Fernando pudo estudiar arte durante los meses intermedios.

Se matriculó en clases con el maestro César Sermeño, reconocido artista y escultor de cerámica, uno de los pocos artistas salvadoreños que retrata símbolos auténticos de Centroamérica, no de Europa. En ese momento, Sermeño impartía clases de diseño, modelado y cerámica en el Departamento de Artes Plásticas [3] de la Dirección General de Bellas Artes de San Salvador.[4]

Descrito como el "poeta de la arcilla", las plantas y los animales estilizados de Sermeño se hicieron eco de elementos encontrados en restos de arte que provienen de la cultura maya temprana. Por ejemplo, su escultura del feroz jaguar de la figura 2 se parece al jaguar de la figura 3 que se encuentra en un antiguo sitio de América Central. En la cosmología maya, el jaguar es un dios poderoso que puede pasar entre el mundo de los vivos y el mundo de los ancestros. Sermeño añadió dimensión y detalle a sus creaciones cortando líneas en la arcilla (nótese el detalle alrededor de cada ojo del jaguar), tal como lo hacían los mayas para decorar sus cerámicas (figs. 4, 5). [5]

Este curso de cerámica fue la única instrucción artística formal de Fernando y la experiencia le dejó una impresión duradera. Tomando lecciones de un maestro, aprendió técnicas para moldear y esculpir arcilla y tallar diseños en ella. Sermeño lo elogió y animó, diciéndole que "siga su pasión."[6] Cuando terminó el curso, Fernando le dijo nuevamente a su padre que quería ser artista.

"No", dijo su padre, "el arte es un pasatiempo, no una carrera". [7]

Fernando estaba desilusionado, pero obedeció a su padre. Comenzó sus estudios en la escuela de arquitectura esa primavera como estaba previsto, pero no estaba contento. En su mente, la arquitectura tenía demasiadas reglas. No permitía el dibujo imaginativo que quería hacer. Pero si no podía ser un artista, se preocupaba, ¿qué más podria llenarlo de satifaccion sería satisfactorio?

Quería hacer algo que valdría la pena, donde pudiera marcar la diferencia para los demás. No solo tener una carrera y ganar dinero. Con estos pensamientos en mente, Fernando se unió a otros estudiantes en un retiro espiritual y se inspiró para convertirse en sacerdote. Esta vez, sus padres estaban encantados. De todas las vocaciones, el sacerdocio era el rol más alto y respetado que un joven católico podía aspirar.

4. Jarrón precolombino, 600-900 d.C. Museo Nacional de Antropología, San Salvador. Foto de uso gratuito.

5. Cuenco precolombino, 539 d.C. Museo Metropolitano de Arte, Nueva York, NY. Foto de uso gratuito.

Fernando en Europa

Fernando tenía dieciséis años cuando ingresó al seminario en Columbia. Al año siguiente, en 1966, estudió filosofía en Toulouse, Francia y luego teología en Bélgica, pero aún tenía ganas de arte. Afortunadamente, no estaba lejos de algunos de los museos de arte más grandes del mundo. Nunca había contemplado tal colección de obras maestras y no pudo resistirse a ver tanto como fuera posible.

Durante esos tres años en Europa, visitó todos los principales museos, incluidos el Louvre y el Musée d'Orsay de París, el Rijksmuseum de Amsterdam, el Prado de Madrid, el Uffizi de Florencia y el Museo del Vaticano en Roma.[8] En cada museo, prestó atención a los temas de los artistas, las técnicas, incluso sus pinceladas. Estaba asombrado e inspirado por lo que vió.

Fernando prestó atención especial a los estilos y técnicas de los artistas del siglo XX que admiraba. Las imágenes abstractas y en capas del arte de Picasso lo fascinaban. A medida que evolucionaba su propio estilo, Fernando también experimentó con trazos audaces y figuras abstractas al estilo de Henri Matisse y Joan Miró (fig. 6). Pero sus imágenes siempre fueron de la gente y el entorno natural de El Salvador, y sus colores brillantes y fantásticos.

Al ver su interés por el arte europeo, sus compañeros de seminario en Toulouse le preguntaron sobre el arte y la cultura de El Salvador. Fernando luchó por responderlas porque la herencia cultural de su país es complicada y trágica.

6. *Trabajo y Alegría*, Fernando Llort, 1996. Colección particular.

El Salvador es el país más pequeño de América Central, aproximadamente del tamaño de Massachusetts. Hace miles de años, el pueblo maya habitaba toda su región occidental viviendo en unas pocas docenas de ciudades-estado. Desarrollaron una cultura sofisticada, destacada por su arquitectura, matemáticas, calendario y un sistema de escritura. Pirámides y templos bien conservados siguen en pie que hablan de los muchos dioses que adoraban. Los símbolos representan a los dioses de la creación y la abundancia, el dios del trueno y el dios de la oscuridad, por nombrar algunos.

Una gran parte del Imperio Maya quedó sepultada bajo las cenizas de una "mega-erupción" del volcán Ilopango, cerca de lo que hoy es San Salvador. Las pruebas de radiocarbono fechan el evento en el año 431 dC.[9] La destrucción y las cenizas se extendieron hasta 80 kilómetros (49,7 millas) hacia el exterior, dejando la tierra inhabitable durante varias décadas. El pueblo maya siguió viviendo en ciudades-estado que no se vieron afectadas por el volcán pero solo durante unos pocos siglos más. Las explicaciones de por qué desaparecieron van desde la sequía extrema y el desastre ambiental hasta el colapso social. Para el año 900 d. C., todas las ciudades-estado habían sido abandonadas. Quedaron pequeñas aldeas agrícolas, y se aferraron a su idioma y muchas de sus viejas costumbres.

Luego, otro desastre ocurrió en el siglo XVI cuando los españoles invadieron. Al igual que en los países vecinos, *Los Conquistadores* (fig.7) esclavizaron a la gente y proscribieron sus culturas, lenguas y tradiciones nativas. El 90% de la población indígena murió a causa de derramamientos de sangre y enfermedades infecciosas.[10]

7. Representación de los conquistadores por artista desconocido. Centro de Visitantes Exploradores, Trujillo, España. Foto de uso gratuito.

Los sobrevivientes no tuvieron más remedio que adoptar la cultura extranjera de los invasores. Se les obligó a hablar español y se les prohibió usar su traje tradicional y se convirtieron al catolicismo. Pronto, nadie podía recordar cuándo había sido diferente. Sólo ruinas excavadas de sus templos y lugares de entierro, restos de arcilla de estatuas y urnas, y bolsillos de lenguas nativas quedan de esas culturas tempranas. Los salvadoreños modernos no podían mirar al pasado para decir quiénes eran. Sus raíces, su vínculo con el pasado, habían sido destruidos.

Fernando les dijo a sus compañeros de seminario que no podía mostrarles ninguna pintura "para resaltar las leyendas, las historias y las figuras que dieron forma a mi país".[11] Señaló que los artistas europeos retrataron sus propias culturas, sus propios héroes y mitos y historia. No solo no había arte centroamericano del que hablar en los museos europeos, había pocas oportunidades de ver el arte salvadoreño incluso en su propio país. Nadie estableció un museo de arte en El Salvador hasta que Julia Díaz lo hizo años después, en 1983. Los talentosos artistas de El Salvador como Salarrué, Carlos Cañas, Armando Solís y Julia Díaz pintaron retratos precolombinos de El Salvador. Sin embargo, a menudo estudiaron en Europa y Estados Unidos y se mantuvieron enseñando o exhibiendo allí más que en su propria patria. Así que Fernando decidió crear pinturas de El Salvador él mismo.

Mientras continuaba sus estudios para el sacerdocio, Fernando dibujaba y pintaba en su tiempo libre. Cuando se graduó con una licenciatura en filosofía en la primavera de 1969 había completado 22 pinturas. Un amigo quedó tan impresionado que organizó una exposición en Toulouse. Los admiradores se sintieron atraídos por sus colores vivos y sus representaciones únicas del campo salvadoreño, y compraron cada una de sus pinturas. Cuando contó esta historia años después, Fernando todavía expresaba su sorpresa y alegría por el éxito de esa primera exposición.[12]

Al año siguiente, comenzó sus estudios de teología en Bélgica, el segundo paso hacia el sacerdocio. Después de casi tres años de ausencia, Fernando extrañaba a su familia y la calidez y luminosidad del clima salvadoreño. El norte de Europa empezó a parecerle frío y lúgubre pero se dio cuenta de que no era sólo el clima lo que le molestaba. Estaba en el lugar equivocado, pero más que eso, estaba persiguiendo la vocación equivocada. El arte era su vocación, no el sacerdocio.

DE VUELTA A CASA EN EL SALVADOR

AHORA CON 20 AÑOS, FERNANDO REGRESÓ A CASA y les dijo nuevamente a sus padres que estaba destinado a ser artista. Nadie sabe con certeza qué más dijo, pero su padre aún no estaba convencido. Envió a Fernando a Luisiana en los Estados Unidos para estudiar nuevamente arquitectura y aprender inglés. Fernando obedeció, pero se sintió miserable. Se sintió sofocado por las rígidas reglas de la arquitectura y le disgustaron los prejuicios raciales que vio en los Estados Unidos. Ir allí fue un gran error.

> *"Fui a clases durante dos meses, y eso fue todo", dijo Fernando. "Un día mi compañero de cuarto [que también era salvadoreño] me dijo: 'Me voy para mi casa' y yo le dije: 'Voy contigo.'".13*

Un mundo en agitación

En ese momento, a fines de la década de 1960, Fernando luchaba por determinar su propio futuro. El mundo a su alrededor parecía estar haciendo lo mismo. De este a oeste, las ciudades hervían de protestas y manifestaciones. En los Estados Unidos, años de marchas por los derechos civiles fueron seguidos por marchas de protesta contra la guerra de Vietnam. Desde París hasta Praga, estudiantes y trabajadores se unieron para luchar contra "el establecimiento", es decir, las personas en el poder, ya sea en el gobierno o en los negocios. Los manifestantes apilaron etreros en las calles, volcaron autos, incluso árboles y rejillas en las aceras, para bloquear las calles. Hicieron un llamado a los ciudadanos para que se unieran a ellos, para ir a la huelga por la justicia y la igualdad. De hecho, al notar la agitación, los periodistas se refirieron a 1968 como el "año de la barricada".14

Otro movimiento de jóvenes estaba creciendo en todo el mundo. Estos jóvenes, llamados "hippies", también querían crear una sociedad más justa. Rechazaron el capitalismo porque generaba desigualdad. En cambio, buscaron difundir el mensaje de paz y amor.

En San Salvador, como en otros lugares, las voces que instaban a la gente a levantarse contra la corrupción del gobierno y su represión de las protestas a menudo provenían de los estudiantes.

Como lo hicieron en Nueva York, Roma y otras ciudades, los jóvenes llenaron las calles exigiendo reformas, como la restauración de la propiedad de la tierra que había sido arrebatada a los pequeños agricultores, mejores salarios para los trabajadores y el fin de las violaciones de los derechos humanos por parte del gobierno.

Cuando Fernando volvió a casa en 1969, se reunió con amigos que anhelaban traer justicia y armonía al mundo. Adoptaron la filosofía de "paz y amor" de los hippies, pero no sintieron que las protestas callejeras cambiarían nada. Al igual que otros hippies, se dejaban el pelo largo y vestían ropa colorida teñida. Y como muchos jóvenes de esa época, eran fans de los Beatles y otros músicos de rock populares, rompiendo con la música de la generación de sus padres.[15]

Los padres de Fernando entendieron su idealismo, pero a medida que pasaban los meses, se preocuparon por su falta de dirección. Le recordaron que era hora de que fuera práctico, de encontrar una ocupación útil, de tomarse la vida en serio. Fernando respondió que había formado una banda de rock con unos amigos, *La Banda del Sol*. Ahora Fernando estaba ocupado día y noche. Trabajaba en collages y pinturas todo el día, y ganaba dinero como cantante principal y guitarrista en presentaciones de bandas varias noches a la semana (fig. 8).

8. Fernando Llort, cantante principal en La Banda del Sol, 1970. Coleccion de fotos familiares Lort.

La Banda del Sol interpretó y grabó sus canciones y se convirtió en una de las bandas más populares de Centroamérica. Aunque su música generalmente trataba sobre el amor, la reconciliación y la paz, la letra de una canción, "El Planeta de los Cerdos," insultaba a los líderes del gobierno.[16] Los funcionarios prohibieron esa canción en la radio, y un día la policía llegó al lugar de ensayo de la banda y arrestó a los miembros de la banda que estaban allí. Los encarcelaron como advertencia a otros jóvenes. Fernando llegó tarde y cuando se enteró de lo sucedido se entregó para unirse a sus amigos en la cárcel. Pero la policía se negó a arrestarlo.

Cuando no estaba ensayando con la banda, Fernando pasaba su tiempo experimentando con su arte, probando diferentes técnicas, diferentes medios y composición. Completó trabajo suficiente para participar en tres exhibiciones de arte importantes. Estaba especialmente orgulloso de su invitación a la Galería Forma. Fundado por Julia Díaz en 1958, Forma era el único lugar en ese momento donde los artistas visuales de San Salvador podían exhibir su trabajo.[17] Díaz también organizaba *La Banda* y otros conciertos de rock en su espacio abierto.

Mirando hacia atrás en esos años, Fernando no se centró en la agitación del mundo o los peligros que enfrentaban los jóvenes con su disidencia. Sus recuerdos perdurables se centraron en sus amistades cercanas, sus experimentos con el arte y la diversión y la emoción de actuar con la banda. Dijo que estaban entre los momentos más felices de su vida.[18]

El poder expresivo del collage

Mientras Fernando exploraba los museos de Europa, quedó impresionado por la obra de Picasso y Matisse. Ambos artistas eran conocidos por el collage, una forma de arte en la que el artista pega capas de materiales cotidianos, como tela, papel, metal e incluso piezas de madera. Aunque el collage se originó como una forma de arte en Asia antes del siglo XII, se hizo popular en la década de 1900 cuando los jóvenes artistas de Europa occidental y las Américas comenzaron a experimentar con el arte abstracto y el expresionismo. Esta técnica se convirtió en una forma para que un artista diera un poderoso comentario social.

El collage se convirtió en una de las técnicas favoritas de Fernando.[19] Mientras continuaba cantando sobre la paz y el amor en su banda, Fernando se sintió libre de expresar su rebelión personal contra el materialismo y la guerra en su arte (figs. 9, 10, 11).

9. *Unidos en Amor*, Fernando Llort, 1970. Fundación Fernando Llort.

El collage de la figura 9, *Unidos en Amor,* muestra manos saliendo de lo que parece ser una camisa con un botón. Hay una cruz y una imagen que podría representar un corazón. El título en sí aclara tanto el tema como el simbolismo del collage: las manos entrelazadas y el corazón rojo representan el amor, e incluso el detalle del botón tiene sentido: es otro símbolo de mantener las cosas unidas. También hay una línea roja en cada mano y quizás una mariposa debajo de ellas; Fernando nos deja reflexionar sobre cuál es su conexión con el tema.

En el collage de la figura 10, titulado *Sol,* Fernando utilizó madera y encontró objetos para expresar su tema. Como un sol, el anillo violeta se cierne sobre los demás elementos. Debajo del anillo hay piezas de madera en forma de cruz e imágenes pintadas que representan personas, algunas con los brazos levantados en señal de alabanza. Los símbolos de este collage también tienen raíces mayas. Por ejemplo, la cruz es tanto un símbolo cristiano como maya. Sus cuatro puntas representan las direcciones del viento, las cuatro energías "opuestas" que sostienen la tierra: el alba, la oscuridad, el agua y el aire. Los anillos anidados debajo también pueden representar al dios sol, que irradia energía que mantiene el universo en movimiento. Lo que a primera vista parece una colección aleatoria de objetos se convierte en una declaración sobre la fe y la comunidad.

10. *Sol,* Fernando Llort, 1970. Fundación Fernando Llort

El collage de la figura 11, *Guerra Con Honduras,* caracteriza la guerra de El Salvador con su vecino como un terrible jardín sembrado de calaveras y dividido en secciones. Recortes de mapas y periódicos muestran máquinas de guerra y advertencias sobre lo que se está destruyendo.

A lo largo de toda su vida, Fernando Llort fue un hombre de paz y compasión. Aborrecía la violencia, y en los primeros collages como Guerra Con Honduras, su sentimiento de horror es claro. La composición parece deliberadamente desequilibrada, y las imágenes oscuras retratan armas, muerte y desesperación. Este es un marcado contraste con los símbolos alegres y vívidos que caracterizan la mayoría de sus pinturas.

11. *Guerra Con Honduras*, Fernando Llort, 1970.
Colección particular.

EL PUNTO DE INFLEXIÓN: LA PALMA Y LA SEMILLA DE COPINOL

DURANTE VARIOS MESES, FERNANDO VIVIÓ CON SU FAMILIA EN SAN SALVADOR. Escribió música con sus amigos y actuó con su banda por toda la ciudad. A sus padres les preocupaba que estuviera perdido y confundido, pero Fernando se había encontrado a sí mismo. Todos los días, se entregó a su imaginación e idealismo, y se aferró a su fe en que el arte tenía un propósito y su talento era un regalo que no debía desperdiciar. Todo esto lo expresó en las letras de sus canciones, su poesía y su pintura.

Él y sus compañeros de banda habían hablado de mudarse al campo para formar una comuna: vivir juntos como hermanos, escribir poesía y música y buscar bienes espirituales en lugar de bienes materiales. A fines de 1971, Fernando estaba listo para dejar a su familia y la ciudad, y ya sabía a dónde iría: a La Palma, el pueblo de montaña que amaba desde niño. Resultó que él era el único de sus amigos listo para irse en ese momento.

La banda tocó su último concierto en diciembre de 1971. En enero, Fernando empaquetó sus pinturas, su guitarra y su ropa. Se despidió de su familia y tomó el autobús por la sinuosa carretera de montaña hasta La Palma. Con sus ahorros de los conciertos, alquiló una pequeña cabaña. Por fin, supo que estaba en el lugar correcto. Y sabía que pintaría. Pero eso es todo lo que sabía con seguridad.

12. Fernando dibujando en el centro de una semilla de copinol. Colección de fotografías de la familia Llort.

Una mañana, mientras Fernando caminaba cuesta abajo hacia el mercado para comprar lo que necesitaba ese día, notó a un niño agazapado bajo la sombra de un árbol de copinol, trabajando en algo con sus manos. Curioso, se inclinó y vio que el niño había cortado y raspado la cáscara de una semilla de copinol. La caparazón exterior era de color marrón oscuro y tenía unas dos pulgadas de largo, y en el interior había un centro de color blanco cremoso. A los ojos de Fernando, era un marco perfecto para una obra de arte en miniatura (fig. 12). Y su inspiración para el camino por delante.[20]

13. Primeras Semillas. Los primeros colgantes que hizo Fernando con semillas de copinol, 1973. Colección de fotografías de la familia Llort.

Recogió algunas semillas, las colocó sobre su mesa en la cabaña y las cortó por la mitad. Luego extendió sus marcadores de tinta y coloreó la superficie interior con pequeños pájaros y árboles, casitas y tallos de maíz. Finalmente, convirtió estas "pinturas de semillas" en colgantes y los usó alrededor de su cuello (fig. 13).

Fernando vendió colgantes a algunos visitantes del pueblo, pero se dio cuenta de que necesitaba encontrar un mercado en la ciudad para obtener ingresos. Hizo más colgantes y pintó escenas en placas de madera y las trajo a San Salvador. Llevando su trabajo a algunas tiendas, los persuadió para que vendieran lo que pudieran.

Las diminutas pinturas de Fernando representan símbolos de la belleza de su país, sus criaturas y su gente. Los clientes de las tiendas compraban cada pieza, y cuando supieron dónde vivía, vinieron a La Palma con amigos a comprar más.

Varias semanas después de que Fernando se mudara a La Palma, sus amigos Julio Medrano, Max Martínez y Carlos Aragón (conocido como Tamba) se unieron a él y ayudaron en los talleres. Dos compañeros de banda, Óscar Soles y Pedro Portillo, también fueron pintores. Contribuyeron y compartieron sus habilidades también. Al ver más hippies, los aldeanos se quedaron mirando su cabello largo y su "ropa divertida" (fig. 14), pero con el paso del tiempo, se acostumbraron a los recién llegados.

14. Fernando (a la derecha) con algunos de sus amigos del grupo en La Palma, 1972. Colección de fotografías de la familia Llort.

CONOCIENDO A ESTELA

Todos los días, Fernando pasaba por una casa donde una hermosa joven solía sentarse en el porche. Él la saludaba todos los días y ella siempre le devolvía la sonrisa. Quería detenerse y hablar con ella, pero le habían enseñado que tenía que ser presentado adecuadamente. Fernando finalmente la conoció en la celebración de la cosecha local. Su nombre era Estela Chacón, y él se enamoró de ella en ese mismo instante.[21] A los pocos meses, ella se convirtió en su esposa y socia (fig. 15). Los padres de Fernando se unieron a la pareja en La Palma para celebrar su matrimonio y les regalaron la casa de vacaciones de la familia Llort para su hogar.

15. Estela y Fernando Llort, 1973. Colección de fotografías de la familia Llort.

Cuando los aldeanos le preguntaron a Fernando si les enseñaría a hacer colgantes y pintarlos para venderlos como él lo hacía, los invitó a que lo siguieran a casa. Estela ayudó a organizar los talleres que siguieron.

En las primeras lecciones, Fernando les mostró a los aldeanos cómo cortar las semillas de copinol y cómo pintarlas utilizando las sencillas plantillas que había diseñado (fig. 16). Los miembros de la familia de Estela estuvieron entre los primeros alumnos de Fernando, y Estela trabajó junto a él. Pronto, los talleres de arte se volvieron cada vez más centrales en la vida del pueblo.

16. Fernando posa con jóvenes de La Palma, ahora hábiles artistas y pintores, listos para comercializar sus artesanías en madera.

Por fin, Fernando había encontrado la vida significativa que había buscado y una esposa amorosa para compartirla. En los años siguientes nacieron tres hijos, Juan Pablo, María José y Ángel Fernando. En las noches, cuando los niños eran pequeños, Fernando tomaba a menudo su guitarra y les cantaba, y sus juegos inventados encendían sus risitas

María José describió su infancia como "rodeada de colores, música y olor a madera y aserrín".[22] Disfrutando de la libertad y la sencillez de la vida en el campo y del amor inquebrantable de sus padres, los niños prosperaron.

Pronto se corrió la voz de que Fernando estaba mostrando a la gente una manera de pintar y ganar dinero. En cuestión de semanas, tuvo que encontrar un lugar más grande para sus talleres porque casi 60 aldeanos venían a aprender de él. No les cobraba nada a sus alumnos por las lecciones porque sus alumnos no tenían dinero para pagarle. Fernando esperaba poder vivir con los ingresos que obtuviera de las ventas de su propio arte en la ciudad. Pronto, las artesanías baratas de los artistas de La Palma también fueron populares entre los pueblos de la montaña y en las tiendas de San Salvador.

A Fernando le preguntaban con frecuencia cómo empezaron los talleres de La Palma. Siempre decía que empezaron con un niño pequeño y una semilla de copinol.

LECCIONES DE ARTE

"EL ARTE DEBE ESTAR LIBRE DE REGLAS", DICE FERNANDO A SUS ESTUDIANTES, instándolos a no sentirse atrapados por el aspecto "real" de las cosas, ni limitar su elección de materiales.[23] Los venados y los armadillos, las lianas de mandevilla y los árboles de mango en su pinturas eran familiares para los aldeanos. Fernando les mostró cómo exagerar cada imagen con líneas fuertes y colores vivos. Siguiendo su ejemplo, los aldeanos aprendieron a dibujar figuras que representaban su vida cotidiana: sus casas, cultivos, animales y su fe y tradiciones.

17 *Mi Pueblo y Mi Sueño Mágico* Fernando Llort, 1981. Fundación Fernando Llort.

Algunos críticos de arte describen este estilo de arte como arte ingenuo o popular,[24] no como arte creativo, debido a su simplicidad y representación de imágenes cotidianas. Sin embargo, el arte popular también es arte creativo cuando su diseño muestra imaginación, habilidades y técnicas creativas. Las pinturas de Fernando incorporan elementos de surrealismo, imágenes abstractas y diseños fantasiosos mientras retrata su visión idealista de El Salvador. Por ejemplo, las casas con techo de tejas pueden estar de lado a lo largo de una carretera; pájaros o ciervos angulares de gran tamaño pueden aparecer inesperadamente en el primer plano de una pintura; y un solo tallo de maíz puede representar cultivos y trabajo agrícola (fig. 17).[25]

Cada imagen tenía un significado para Fernando. El pájaro es un signo de paz y el espíritu de la creación. Muchas composiciones presentan ojos dispersos entre otras imágenes, que representan el ojo de Dios. La casita, es un símbolo de la comunidad, y los árboles son símbolos de abundancia. Pintó manos levantadas hacia arriba para representar acción de gracias, amor y esperanza. Las mujeres son retratadas con ojos almendrados, haciéndose eco de la belleza de sus ancestros nativos. Enredaderas floridas y frutos abundan como símbolos de la presencia divina en la creación.[26]

Estas imágenes también tenían un significado muy imporante para la gente del El Salvador precolombino, no muy diferentes a la interpretación de Fernando. Para los mayas, el venado representaba fuerza, protección y los cuatro niveles de existencia: físico, mental, emocional y espiritual. El maíz era más que un cultivo. Sus cuatro colores simbolizan la creación del ser humano: maíz blanco para hueso; maíz amarillo, músculo; maíz negro, ojos y cabello; y maíz rojo, sangre. Un árbol es el árbol de la vida, el nacimiento, el crecimiento, la reproducción y el paso a la oscuridad, al otro mundo. Es un símbolo de amor y familia, la fruta que representa la descendencia. El pavo simboliza el amor y la celebración del matrimonio. Estas vívidas imágenes capturaron la imaginación de los artistas del pueblo y sus clientes. Quizás no todos le dieron un significado espiritual a las imágenes como lo hizo Fernando, pero los salvadoreños en todas partes podían identificarse con ellas.

Fernando trabajó con una variedad de medios, incluyendo madera, metal, lienzo, papel y arcilla. Se refirió a la técnica que usó como la "técnica del templo" y la describió de esta manera:

Al comenzar un trabajo, primero dividió la pintura en secciones individuales, un paso que es muy similar a cómo los artistas de mosaico abordan su trabajo. Trabajo sobre superficies maleables, raspándolas y haciendo incisiones en ellas para las líneas del trabajo en curso. La pintura final es un proceso de capas y barnizado.[27]

Sinfonía de Colores (fig. 18) ilustra esta técnica en una sorprendente desviación del collage pastoral en la figura 17 arriba. Fernando cortó y aplicó capas de pintura como si fuera una vidriera.

Las líneas fuertes y angulares sugieren energía y entusiasmo. Los ojos son prominentes entre las hojas dispersas. El mandala, una serie de anillos que representa el universo, es tan pequeño que apenas se ve. Fernando disfraza multitud de pájaros entre formas abstractas, hojas y casas, y capas de colores vivos.

Un collage de técnica mixta que representa la vida y el entorno de La Palma ofrece otro vistazo a la imaginación de Fernando, sus aves únicas y la representación simbólica de una comunidad de pueblo (fig. 19). La composición provoca al espectador a descubrir secretos y maravillarse con sus detalles. Los observadores que

18. *Sinfonía de Colores*, Fernando Llort, 1988. Fundación Fernando Llort.

miren detenidamente entre las imágenes encontrarán ocho humanos, un mandala, un ángel, un venado, un caballo, un armadillo y seis pájaros, entre ellos un loro y un pavo. Pequeñas casas, un camino serpeante y árboles, hojas y flores llenan el campo debajo de las montañas.

En la superficie, la mayoría de sus pinturas son su interpretación de la vida rural contemporánea de su país. Pero a menudo entrelazaba ecos deliberados del El Salvador precolombino. Las personas en la figura 19 usan ropa y tocados que recuerdan a los mayas, y las líneas audaces y simplificadas del sol y las imágenes de animales se remontan a imágenes antiguas.

19. *País de La Palma*, Fernando Llort, 1976.
Fundación Fernando Llort.

Fernando creía que la destrucción de su antigua cultura dejaba a El Salvador debilitado, incluso empobrecido. Él sintió que los salvadoreños nunca se sentirían completos hasta que esa conexión con el pasado fuera restaurada de alguna manera. La investigación ha demostrado que Fernando tenía razón. La identidad de un país está íntimamente ligada a los íconos y símbolos de su pasado. Sin esta conexión, el país no tiene raíces.[28] Sus ciudadanos carecen de identidad. Fernando pretendía restablecer esta conexión. Restaurar las raíces culturales del pueblo.

Las aves asombrosas de Fernando

Cuando no estaba dando clases de arte, Fernando probó diferentes estilos y composiciones para retratar el paisaje rural y la gente de El Salvador. Las aves son una presencia constante en sus pinturas, como lo son en El Salvador. A veces son el centro de atención. Más a menudo son elementos de una escena, abstractos o disfrazados (fig. 20).

Algunas de las aves de Fernando recuerdan a las creadas por artistas precolombinos que las esculpían en piedra o las moldeaban en arcilla. El silbato de ave maya de la figura 21 tiene forma redondeada, pico grande y ojos prominentes, y su cabeza está adornada con plumas que la rodean a modo de collar y tocado. Sus pies incluso tienen dedos o garras, y hay una sugerencia de poder o arrogancia en su comportamiento, lo que quizás indica que es una deidad ave. Hay restos de pigmento dorado y azul, lo que indica que puede haber sido pintado con colores brillantes.

El silbato de pájaro de cerámica de Fernando tiene un aspecto más modesto y hasta simpático (fig. 22). Sin embargo, comparte la forma, el pico prominente y los ojos grandes, e incluso las plumas estilizadas de la cabeza de su "antepasado" maya.

Ave Luna y *Chumpe* son un contraste sorprendente entre sí, así como con las otras aves de Fernando. Con su patrón distintivo de colores brillantes, separados por líneas oscuras y espacios en blanco, *Ave Luna* parece alegre y de espíritu libre. En contraste, *Chumpe* es casi completamente negro y gris, resaltado con un solo acento rojo. Sus plumas están delineadas con finos detalles y tiene un aspecto estructurado, casi arquitectónico. Aunque ambos son caprichosos y abstractos, las dos imágenes parecen opuestas en estilo.

20. Vida y Color, Fernando Llort, 1980. Fundación Fernando Llort.

21. Silbato de pájaro maya, siglos VII-IX, Museo Metropolitano de Arte, Nueva York, NY. Foto de uso gratuito. 2

22. Silbato de pájaro de cerámica del estudio de Fernando Llort, 2015. Colección particular.

23. *Ave Luna*, Fernando Llort, 2004.

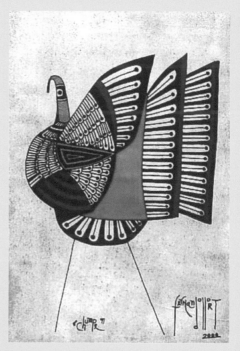

24. *Chumpe*, Fernando Llort, 2000. Fundación Fernando Llort.

Mujeres fuertes

Fernando tenía un tremendo respeto por las mujeres y se oponía a su trato como seres humanos inferiores. Retrató intencionalmente a las figuras femeninas como independientes y fuertes. Cuando se le preguntó si se veía a sí mismo como un activista de derechos humanos, Fernando respondió: "Sí, porque en ese momento [cuando comenzó los talleres] los roles de las mujeres se limitaban a ser amas de casa. Los talleres permitieron a las mujeres trabajar y aumentaron su dignidad. Algunas mujeres aprendieron a conducir y llegaron a San Salvador a vender sus productos. Algunos esposos y esposas trabajaron juntos hombro con hombro en los talleres"[29]

25. *Mujer Sentada*, Fernando Llort, 1976. Fundación Fernando Llort.

La figura de *Mujer Sentada* (fig. 25) puede representar a una mujer indígena con sus ojos almendrados y cabello largo y trenzado. Sus pies descalzos y la falta de adornos, salvo una modesta cruz, insinúan que se trata de una simple aldeana. Pero vista a través de los ojos de Fernando, tiene aplomo y dignidad.

La pintura sin título de la figura 26 representa a una mujer muy diferente. Aparece con un tocado, quizás indicando su rango social, y está sosteniendo o levantando un colorido pavo. La obra no tiene título, por lo que el observador se pregunta a quién y qué pretendía representar el artista -- ¿un antepasado indígena? ¿una sacerdotisa? ¿Está recostada como la realeza maya o de pie frente a una mesa ceremonial? Ofreciendo el pavo o recibiendolo? ¿Le está hablando al pavo? Cualquiera que sea la intención de Fernando, la composición es intrigante y agradable a la vista. Y sea quien sea, la mujer del retrato comunica dignidad y poder.

26. Sin título, Fernando Llort. Fundación Fernando Llort.

El sol

Cualquiera que sea su problema o pérdida, Fernando se aferró a la esperanza y los ideales que siempre inspiraron su trabajo. Es posible que el sol, símbolo siempre presente del Creador en sus pinturas, también representara la esperanza. Fernando pintó el sol dominando las montañas, los pueblos y las personas, en su visión del sol y la tierra y todas sus criaturas viviendo en armonía (figs. 27, 28).

El motivo del sol también se extendió a su música. Está en el nombre de su banda, La Banda del Sol, y en la letra de Abriendo Camino, una de sus grabaciones más populares.

Fernando y los demás cantaban *"Abriendo camino voy, viendo la luz del sol brillar..."*.[30]

27. *El Beso del Sol*, Fernando Llort, 2000. Fundación Fernando Llort.

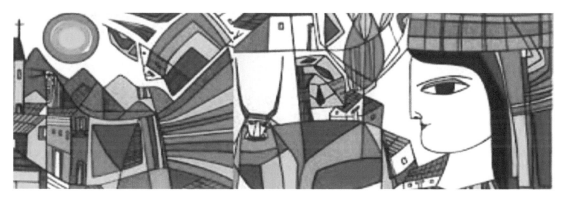

28. *Llena Mi Canasto*, Fernando Llort, 2018. Fundación Fernando Llort.

Inspirado en la naturaleza

Fernando siempre encontró inspiración en los bosques y las montañas, y quería compartir la experiencia con los jóvenes artistas. Les enseñó a estar muy atentos a su entorno para que no dejaran de ver la orquídea silvestre, o el venado o el loro entre los árboles (figs. 29, 30). Día tras día, les ayudó a descubrir la alegría de la creación, la alegría del arte y la alegría de trabajar con las manos.

Cuando Fernando y su familia se mudaron a San Salvador unos años más tarde, el artista local José Aníbal Fuentes habló de experiencias similares cuando Fernando lo llevó a él y a otros en excursiones a La Palma.[31]

Uno de los primeros estudiantes en La Palma, Roberto Burgos, dijo que la fe de Fernando y su amor por la naturaleza ayudaron a los estudiantes a observar y apreciar más profundamente la belleza de su alrededores. Llegaron a creer, al igual que Fernando, que hacer arte era una vocación especial, una manera de alabar la creación.[32]

> "Eran muy talentosos", dijo Fernando sobre los aldeanos. "Yo solo los encendí."[33]

Roberto describió así lo que pasó en La Palma: "Fernando despertaría el arte que estaba dormido dentro de ellos."[34]

29. Amanecer sobre las montañas de El Salvador, 2021. Foto del autor.

30. *Lycaste Lasioglossa* Orchid, 2021. Foto del autor.

La Vida en La Palma

Con el paso del tiempo, La Palma se hizo conocida como un pueblo artesano. Fernando animó a los artistas a agregar variedad a sus artesanías, por lo que hicieron pequeñas cajas de madera, tapices y cerámicas decoradas con sus diseños. También bordaban blusas y pintaban nacimientos de madera. Para vender su trabajo, subían y bajaban en autobuses por la montaña hasta San Salvador y otros pueblos. Sus artesanías eran baratas y populares, y los clientes acudían a menudo a ellas. A medida que aumentaron sus ingresos, los artistas y sus familias pudieron ahorrar dinero por primera vez.

> *"Mucha gente vive del trabajo que se hace en La Palma", dijo Fernando, "y eso me da mucha alegría y satisfacción."*[35]

Sin embargo, Fernando no quiso ser el líder de una fábrica de trabajadores que dependían de él. En cambio, quería que los artistas y artesanos se reunieran para compartir por igual el trabajo y los beneficios de su empresa en crecimiento. Entonces, en 1977, él y los artistas ayudaron a organizar una cooperativa, La Semilla de Dios, llamada así por la semilla de copinol. Los miembros de la cooperativa producirían y comercializarían sus artesanías juntos y compartirían los costos de los materiales y las ganancias por igual (fig. 31).

31. Ubicación original de la cooperativa La Semilla de Dios, 1977. Fondo Fotográfico de la Familia Llort.

Al enterarse de los talleres en La Palma y recordar el trabajo de Fernando en Forma en San Salvador, el maestro artista Carlos Cañas vino a La Palma en 1978. Mientras que los artistas del pueblo ya tallaban diseños en madera, sus clases de grabado les permitieron aplicar sus diseños a azulejo, pizarra y vidrio.

Los talleres se multiplicaron, pero los amigos de Fernando fueron atraídos poco a poco por otros rumbos. Su mejor amigo Tamba, un poeta y músico con el que había escrito canciones, se sintió llamado a luchar contra la opresión del gobierno. Se unió a los rebeldes y luego murió en la batalla. Fernando se afligió por su amigo. Se afligió por todos los que sufrieron a causa de la guerra, tanto los aldeanos inocentes como los combatientes. Compartió el deseo de justicia e igualdad de

Tamba, pero su forma de difundir la paz fue a través del arte. Sus pinturas alegres, la sencillez de su vida y su entrega a la gente de La Palma, todo testificaba su fe en un Dios de amor, justicia y paz. No de muerte. No de guerra.

Fernando se quedó en La Palma, comprometido con su familia, su pintura y la creciente comunidad de artesanos (fig. 32). Los aconsejó, los animó y los inspiró. Con el tiempo, los artistas comenzaron a ver a Fernando como su padre, e incluso como su líder espiritual.

Por supuesto, siempre había gente con problemas, y Fernando brindó su ayuda sin dudarlo. Su hijo Juan Pablo recordó un día en el camino a la escuela cuando pasaron junto a un hombre pobre y de aspecto desesperado en el camino. Fernando siguió adelante para que no se retrasaran, pero Juan Pablo supo después que Fernando había vuelto a buscar al hombre, lo llevó a su casa, lo invitó a lavarse y le dio ropa limpia. Entonces su padre se sentó con el hombre mientras su madre le preparaba la comida.

> *"Nos enseñó la compassion," dijo Juan Pablo, "y siempre he tratado de seguir su ejemplo."*[36]

32. Fernando en La Palma, años 80. Colección de fotos de la familia Llort

UNA LARGA GUERRA

MIENTRAS EL ARTE FLORECÍA EN LA PALMA EN LA DÉCADA DE 1970, la miseria y la explotación persistían en el país, y las protestas crecían. La milicia se encargó de mantener el orden y comenzaron a aumentar el uso de la intimidación y la violencia. Entre 1979 y 1981, los escuadrones de la muerte en El Salvador asesinaron a 30.000 personas.[37] El amado Arzobispo Óscar Romero fue asesinado en marzo de 1980, y miles de personas acudieron a su funeral, desbordando la Catedral. Los francotiradores dispararon contra los dolientes desde los tejados cercanos, matando e hiriendo a más de 200 personas. Poco después, todo el país estalló en una feroz guerra civil.

Para evitar su captura, los rebeldes, integrantes del Frente Farabundo Martí para la Liberación Nacional, se trasladaron a campamentos en las montañas y cuevas. Sus familias fueron amenazadas con represalias, por lo que también se mudaron a las montañas, atendiendo a los heridos, enseñando a los niños y tratando de evitar ser detectados mientras los helicópteros militares buscaban en lo alto sobre sus cabezas. Autorizados para aplastar la disensión o las muestras de simpatía por la guerrilla, los soldados del gobierno masacraron a civiles, a veces a pueblos enteros. Las tropas guerrilleras respondieron con asesinatos y atrocidades propias. Durante 12 años, la violencia continuó, matando tanto a los inocentes como a los combatientes.

Fernando había pasado años fomentando el arte y el sentido de comunidad entre la gente de La Palma, y los aldeanos querían hacer arte, no guerra. Cuando los soldados entraron en La Palma en busca de rebeldes, encontraron artistas trabajando. En lugar de amenazar a los aldeanos, los soldados sacaron sus rifles y pidieron a los artistas que les pintaran sus nombres e insignias.[38] Cuando las tropas del gobierno se fueron, también aparecieron guerrilleros rebeldes en La Palma, que también querían que les pintaran sus nombres e insignias. en las culatas de sus rifles.

Los líderes guerrilleros sabían cuánto admiraban los aldeanos a Fernando, así que le preguntaron si podían hablar con la gente sobre su causa. Fernando se negó a poner en peligro la vida de su amada comunidad. Dijo que no, que La Palma era no estaba en guerra y los artistas estaban demasiado ocupados en su trabajo. El coraje de Fernando dio confianza y esperanza a la gente de La Palma.

Pero el pueblo no se salvó de la violencia. A veces, las familias tenían que acurrucarse en el piso de sus casas mientras los soldados gritaban afuera y las balas rompían sus ventanas. Los hijos de Fernando recordaron la noche en que su abuelo, el padre de Estela, fue confundido con un combatiente y fusilado. Incapaz de obtener ayuda debido al tiroteo en la calle, su afligida familia solo pudo consolarlo mientras moría.[39]

Fernando y su familia estaban ansiosos por mudarse a su nuevo hogar en La Palma cuando recibieron amenazas de muerte anónimas. En medio de una guerra civil, no sabía de qué lado lo había atacado o si las amenazas tenían motivaciones políticas. Podrían haber sido los guerrilleros, enojados por su negativa a dejarlos reclutar en el pueblo. O podrían haber sido las fuerzas del gobierno, sospechando que estaba apoyando a los rebeldes. De cualquier manera, quedarse pondría en peligro tanto al pueblo como a su familia. No tuvo más remedio que dejar su amada La Palma. La familia se quedó con amigos en México hasta que atraparon a los culpables. Luego regresaron al país y se radicaron en San Salvador.

Empezando de nuevo

Fernando construyó otro estudio en su garaje donde retomó su pintura e inició nuevos talleres (fig. 33). Llamó a su nuevo estudio *El Árbol de Dios*, y con la ayuda de Estela expandió su movimiento artesanal, enseñando una vez más su estilo y técnicas y ayudando a los artistas a comercializar sus productos. Expuso sus pinturas y creó nuevas paletas de colores y experimentó con el vidrio. Sus composiciones nunca dejaron de retratar los alegres símbolos de la vida del pueblo, como si desafiaran el miedo, la matanza y la destrucción de la guerra.

33. Pared pintada en el frente de *El Árbol de Dios* en San Salvador, ubicación actual de la tienda y estudio de arte. Colección de fotografías de la familia Llort.

Para Fernando, crear arte provoca un despertar dentro de una persona. Un despertar a la belleza de los patrones, colores y texturas en el mundo, especialmente en la naturaleza. También creía que la creación de arte es un poderoso sanador que, en última instancia, despierta una esperanza y una confianza renovadas en uno mismo. Al ver la transformación de La Palma, Fernando estaba decidido a asegurar oportunidades creativas para los jóvenes. Deben saber lo que es inspirarse, sentir la alegría de trabajar con las manos y crear belleza. Ser transformado como el barro.

Estela y él crearon la Fundación Fernando Llort en 1989 para asegurar la educación artística en El Salvador, con la esperanza de inspirar a los jóvenes a elegir carreras en el arte y crecer como individuos. Desde entonces, la Fundación se ha convertido en un recurso valioso para los jóvenes. Sus programas son especialmente útiles para desalentar la influencia de las pandillas y para apoyar a quienes buscan formas de superar la pobreza y la falta de educación. Las clases les presentan experiencias artísticas como la pintura, la costura y la carpintería, y les ayudan a desarrollar habilidades de liderazgo y mercadeo.

Y luego la paz

En 1984, los líderes del rebelde Frente Farabundo Martí para la Liberación Nacional se reunieron con el presidente José Napoleón Duarte y otros funcionarios gubernamentales y militares en La Palma para negociar el fin de la guerra, pero no tuvieron éxito. Finalmente, en 1992, los líderes guerrilleros y el sucesor de Duarte, el presidente Alfredo Cristiani, firmaron los Acuerdos de Paz de Chapultepec en la Ciudad de México. Por fin, la guerra había terminado. Cuando terminaron los combates, habían muerto más de 75.000 personas (hombres, mujeres y niños) y muchos otros habían desaparecido.[40]

El Salvador lloró por los muertos y se regocijó porque la guerra había terminado. Los vecinos de La Palma celebraron con pintura. Después de reparar sus casas y comercios, los vecinos y comerciantes pidieron a los artistas que decoraran sus edificios con las imágenes que les enseñó Fernando. Hoy, décadas después, pájaros de colores, flores, casitas y otros símbolos de su vida cotidiana siguen apareciendo en las puertas, paredes e incluso postes de las calles de muchos pueblos más allá de La Palma (fig. 34).

34. Entrada de tienda en La Palma con imágenes pintadas por artesanos locales. Colección de fotografías de la familia Llort.

27

UN ENCARGO EXTRAORDINARIO:
EL MURAL DE LA CATEDRAL

35. Fernando con su diseño para el mural, 1999. Colección de fotografías de la familia Llort.

EL ARTE DE LA PALMA HABÍA SOBRE-VIVIDO A LA GUERRA, pero en todo El Salvador, la gente necesitaba curación y los daños necesitaban reparación, incluida la Catedral de San Salvador. Durante cuarenta y tres años, el edificio había sufrido terremotos, abandono y luego daños por la guerra. En 1997, cuando comenzaron las reparaciones, el arte de Fernando Llort era conocido en todo el mundo y elogiado por el Ministerio de Comercio Exterior y la Cámara Salvadoreña de Turismo.[41]

Familiarizado con su estilo artístico, el arquitecto que supervisaba la restauración de la Catedral recomendó a Fernando que diseñara la entrada. Por ello, la Fundación Catedral y el Arzobispo Fernando Sáenz Lacalle le encargaron la creación e instalación de un mural alrededor de la puerta principal de la Catedral para celebrar la paz. Todo San Salvador esperaba con ansias la restauración de la Catedral y su decoración por parte de su querido artista.

Fernando pasó un año planeando su diseño – un arco de mosaicos que representan símbolos de la fe y el patrimonio cultural de El Salvador (fig. 35). Cada baldosa se midió cuidadosamente en 25x25 centímetros (aproximadamente un pie por un pie). Alcanzaría los veintidós metros (72 pies) de altura y requería 2.700 tejas para cubrir su superficie.[42]

Pidió a sus tres hijos, el artista José Aníbal Fuentes, y a las dos hermanas de Aníbal que lo ayudaran. Juntos cortaron, pintaron, barnizaron y numeraron cada mosaico a mano. Después de cocer las tejas, se colocaron cuidadosamente, una a la vez, en el piso abierto de la Catedral (fig. 36).

Luego, Fernando dirigió a ocho trabajadores mientras trasladaban las tejas y las colocaban en sus posiciones correctas alrededor de la entrada de la Catedral. Tres semanas después, contempló la obra más significativa de su vida: un retrato de la gente de El Salvador, que refleja no a la clase alta rica, sino a los campesinos (agricultores), la clase trabajadora y los pueblos indígenas.

Al enterarse de que el trabajo estaba hecho, los espectadores se reunieron en la mañana en Plaza Barrios. Miraron hacia arriba mientras las sombras desaparecían y el sol iluminaba el cielo índigo. Luego se quedaron boquiabiertos de asombro y alegría al ver símbolos de ellos mismos, de sus pueblos, de su fe y hasta de sus cultivos, decorando la entrada de su histórica catedral.

36. Baldosas montadas en el suelo interior de la Catedral de San Salvador, 1999. Colección fotográfica de la familia Llort.

37. Mural de la catedral, Fernando Llort, inaugurado en 1999. Foto de uso libre.

Todas estas imágenes —las casas, los árboles, las mazorcas de maíz, los pájaros, los agricultores y los símbolos geométricos— eran símbolos religiosos en la mente de Fernando. Representaban al Dios Creador, siempre presente en el mundo, especialmente en la naturaleza, al igual que las creencias espirituales de los pueblos precolombinos. Su título, La Armonía de mi Pueblo, expresaba el agradecimiento de Fernando por la paz y la armonía en su tierra natal y su esperanza de armonía entre toda la creación (figs. 37, 38).

En marzo de 1999, miles se reunieron en Plaza Barrios para inaugurar la restaurada Catedral de San Salvador y reconocer las coloridas imágenes populares de su artista local Fernando Llort.

38. 1998 restauración de la Catedral Metropolitana de San Salvador con el mural de Fernando Llort. Foto de uso gratuito.

"El mural representó una forma de recordar los años de la guerra civil y darles un cierre", explicó el artista Óscar Jiménez de La Palma. "Hablaba sobre la humanidad, el trabajo, la familia, la fe y todo lo que constituye la armonía."[43]

La obra maestra de Fernando, el mural de la Catedral, atrajo aún más la atención sobre su arte y más invitaciones para exhibir en todo el mundo. mientras Fernando continuó experimentando con su propio arte, también enseñó arte a estudiantes en San Salvador y visitó a los artistas en La Palma. Pero quería compartir su mensaje sobre el poder del arte. Dijo que sí a las invitaciones y llevó sus pinturas a comunidades de Estados Unidos, Europa, Japón, Canadá y Sudamérica.

El atropello

Una noche a fines de diciembre de 2011, un equipo de trabajadores llegó a Plaza Barrios en San Salvador. Primero, construyeron andamios. Luego colgaron una gran cortina entre los campanarios para ocultar el frente de la Catedral. Finalmente, con sus cinceles y martillos neumáticos, subieron al andamio (fig. 39).

Durante las horas que siguieron, sus golpes resonaron en toda la ciudad mientras rompían y desalojaban las 2.700 tejas. Al final del día, la obra maestra de Fernando yacía hecha añicos en la plaza de abajo.

Cuando Fernando y su familia se enteraron de la demolición del mural, quedaron atónitos. Nadie había sugerido que su mural estuviera amenazado. Los familiares y amigos de Llort acudieron a toda prisa a la Catedral y recuperaron trozos de las tejas rotas (fig. 40), pero fueron despedidos. En cambio, se trajo equipo pesado para retirar las piezas rotas.

"Fue el día más triste de mi vida", dijo Fernando.[44]

39. Mural de la catedral oculto a la vista, 2011.
De la colección Indignados por el Mural.

42. "100 días sin el mural" Afiche anunci-
ando una manifestación de protesta por la
destrucción del mural de Fernando, 2012.
Indignados por el Mural.

40. Familiares y amigos de Llort recogiendo azulejos rotos del mural, 2012. De la colección Indignados por el Mural.

41. Manifestantes frente a la Catedral, sin mural, 2012. Foto de la colección
Indignados por el Mural.

Los funcionarios de la ciudad estaban tan indignados como el público porque este ícono de la ciudad había sido destruido. El Secretario de Cultura de El Salvador condenó la acción. Finalmente, el arzobispo de San Salvador, José Luis Escobar Alas, reconoció que había ordenado la remoción del mural.

A Fernando y su familia les dijeron que las tejas estaban rotas y cayendo, un peligro para los visitantes; que los colores se estaban desvaneciendo; que el mural presentaba símbolos seculares en lugar de religiosos. Pero no había evidencia de deterioro físico, y durante doce años no se había expresado preocupación por sus símbolos.[45]

Cuando se le preguntó sobre las razones de la destrucción del mural, Fernando dijo, "No creo en la explicación que se dio. Estaba confundido porque siempre pensé que hice esta obra para Dios; que todo en el tenía simbolismo religioso. Así que no entendía por qué a una autoridad de la iglesia no le gustaría el simbolismo religioso."[46]

En una conferencia de prensa que él y su familia realizaron después de la destrucción del mural, habló en nombre de los artistas de todo el mundo con estas palabras, "Siempre he creído que nuestras manos fueron hechas para construir, no para destruir." Agregó, "Me siento sorprendido e inmensamente entristecido porque ellos [la Iglesia] se han negado a darme la oportunidad de reclamar con dignidad la obra más importante de mi vida".[47]

Ninguna explicación pudo calmar la ira y el dolor que sintieron los miles de salvadoreños y visitantes internacionales que se habían inspirado en el mural. Los artesanos vinieron de la ciudad y del campo para protestar por su destrucción.

Algunos pintaron reproducciones del mural en grandes piezas de tela y las sostuvieron en demostraciones. (figs. 41, 42). Otros ondearon carteles que decían: "Somos su verdadero mural y nadie puede derribarnos".[48] Aunque las protestas continuaron durante semanas y aumentaron las objeciones de los funcionarios estatales y municipales y las agencias culturales, los representantes diocesanos ofrecieron poca defensa de su acción.

Con vista a Plaza Barrios ahora hay una fachada de estuco simple y sin decoración.

El mural de los pedazos rotos

A pesar de su dolor por la destrucción del mural, Fernando perseveró. Había aceptado la invitación de diseñar la fachada de la Catedral con la misma fe que inspiró su vida. Con cada azulejo y cada pincelada, Fernando había celebrado la reconciliación y la belleza del país que amaba.

Fernando respondió a la destrucción de su mural de la misma manera que vivió. En lugar de ceder a la ira, transformó la violencia y el quebrantamiento en un mensaje de paz, amor y bienvenida. Como él mismo lo expresó, "En ese momento me causó tristeza, fue duro para mí, pero pasé esa página para vivir un presente positivo en el que eso ya no cuenta. Y creo que ese mural vive en el corazón de todos".[49]

> *"Él siempre me decía, hay que hacer todas las cosas con amor", dijo su hija María José. "Si lo haces así, todo estará bien".[50]*

La familia Llort pudo recolectar suficientes azulejos rotos para que Fernando diseñara y creara otro mural diferente solo unos meses después. Denominado *"Abrazo fraterno"*, el conjunto de murales y esculturas da la bienvenida a los visitantes y salvadoreños que regresan a las afueras del aeropuerto, al sur de San Salvador (figs. 43, 44).

Y así el mural de Fernando todavía existe. Todavía proclama amor y alegría. Su misma existencia proclama que la separación y el quebrantamiento pueden sanarse.

43. Sección mosaico del Mural Abrazo Fraterno, compuesto por azulejos rotos de la Catedral, 2012. Colección fotográfica de la familia Llort.

44. Escultura *Abrazo Fraterno*, parte del mural compuesto por azulejos rotos de la Catedral, 2012. Colección fotográfica de la familia Llort.

EL LEGADO DE FERNANDO LLORT

LA PÉRDIDA DE SU OBRA MAESTRA FUE UNA TRAGEDIA INDECIBLE, pero el mayor legado de Fernando es un mural vivo, una Armonía viva de Mi Pueblo. Es la historia que comenzó cincuenta años antes cuando Fernando subió al autobús a ese pequeño pueblo de montaña de La Palma. Es la historia de las vidas transformadas porque Fernando Llort compartió su visión e imaginación con los habitants de la Palma. Y es la historia de un país cuya gente se enorgulleció de su ascendencia debido a esta misma visión.

Fernando continuó pintando, experimentando con vidrio y otros medios, y exhibiendo su trabajo alrededor del mundo. En 2013, se le encargó diseñar y pintar la Cruz Romero en memoria del arzobispo mártir Óscar Romero. Esta cruz de doce pies se encuentra en la Catedral de San Jorge en Southwark, Londres, Inglaterra.

Su familia amplió los programas de la Fundación Fernando Llort. Desde su inicio en 1989, más de 4.000 niños, jóvenes y adultos han participado en estos programas de liderazgo y proyectos artísticos.

El mayor legado de Fernando se encuentra en los artesanos y sus cooperativas en La Palma, quienes se transformaron de un pueblo de agricultura de subsistencia en una comunidad de artesanos autosuficientes y en un importante destino turístico. A cincuenta años de aquellas primeras clases en La Palma, la artesanía de los lugareños se vende en todo el mundo, y el estilo artístico de Fernando se ha convertido en un símbolo de la cultura y el arte popular de El Salvador. Más de 10.000 personas se han ganado la vida a través del arte desde aquel primer taller en 1972.

Fernando siguió compartiendo su talento y sus historias hasta su muerte el 10 de agosto de 2018, cuando tenía 69 años.

En su homenaje a Fernando Llort, el presidente salvadoreño Salvador Sánchez Cerén afirmó: "Su carisma, obra maestra y cariño por nuestro pueblo plasman la identidad cultural y el desarrollo en paz y armonía de nuestra nación".[51]

Fernando demostró que el arte puede despertar el alma de todo un país. Ayudó a un pueblo a construir su futuro y ayudó a la gente de su país a recuperar su pasado.

NOTAS

1   Hernández, Evelia. "Mi padre siempre compraba una furgoneta..." El Diario De Hoy, 8 de noviembre de 2016. Entrevista a Fernando Llort.

2   Ibídem.

3   Según el Oxford Dictionary, el término artes plásticas se utiliza para describir "formas de arte que implican modelado o moldeado, como la escultura y la cerámica, o el arte que implica la representación de objetos sólidos con efectos tridimensionales".

4   González, Óscar. "Fallece el ceramista y escultor salvadoreño César Sermeño". Prensa Gráfica, 8 de mayo de 2018.

5   Doyle, James. "Escultura maya antigua". Cronología de la historia del arte de Heilbrunn. Nueva York : Museo Metropolitano de Arte , 2000 .

6   Entrevista a Fernando Llort.

7   Ibídem.

8   Ibídem.

9   Smith, Victoria C., Antonio Costa y Gerardo Aguirre-Diaz et al. "La magnitud y el impacto de la erupción de la Tierra Blanca Joven de Ilopango, El Salvador en el año 431 EC". Actas de la Academia Nacional de Ciencias de los Estados Unidos de América (PNAS), v. 1999; 117, núm. 42.

10 Alexander Koch, Chris Brierley, Mark Maslin y Simon Lewis. "La colonización europea de las Américas mató al 10% de la población mundial y provocó un enfriamiento global". The Conversation, University College London, 31 de enero de (Estimando el número de muertos en las Américas causado por la colonización de "56 millones a principios del siglo XVII, el 90% de la población indígena precolombina y alrededor del 10% de la población mundial en ese momento").

11 Web de Fernando Llort. https://www.fernando-llort.com.

12 Entrevista a Fernando Llort.

13 Ibídem.

14 Cuidado, David. 15 Chávez, Joaquín M. "Operación Amor, Hippies, Músicos... en El Salvador. El manual de Routledge de los años sesenta globales: entre la protesta y la construcción de naciones. Chen Jiam, Martin Klimke, Masha Kirasirova, Mary Nolan, et al. Londres: Routledge, 2018.

15 Ibídem.

16 Ibídem.

17 Hueso mixto, Michael. "Julia Díaz, patrona de la pintura salvadoreña". http://archive.thepress.com.sv/1991107/sunday_magazine/rd01.asp.

18 Entrevista a Fernando Llort.

19 Molina, Rodolfo Francis, curador. Exposición retrospectiva de Fernando Llort, Sala Nacional de Exposiciones de Salarrué, 2012.

20 Web de Fernando Llort.

21 Ibídem.

22 Publicación de Instagram de María José Llort, 26 de octubre de 2020

23 Ibídem.

24 Hueso mixto, Michael. "El Salvador y la Construcción de la Identidad Cultural". Banco Interamericano de Desarrollo, octubre de 1999—No. 34, págs. 8-9.

25 Molina, Rodolfo Francis, curador. Exposición retrospectiva de Fernando Llort, Sala Nacional de Exposiciones de Salarrué, 2012.

26 Entrevista a Robert Henry Burgos.

27 Web de Fernando Llort.

28 Estrada Quiroz, Aldo. "Arte y Artesanía de La Palma: Color para una Nueva Identidad Salvadoreña". Fragmento de investigación para una tesis de maestría titulada "Artes y Oficios de La Palma: Orígenes y Trayectoria de una Expresión Cultural Contemporánea de El Salvador". Universidad Nacional Autónoma de México, 2004.

29 Sheaffer, Caroline J. y Donald J. Seiple. Entrevista a Fernando Llort. Afligidos de Esperanza. 15 de enero de 2014. http://www.embracesaviour.org/fernando.llort

30 Abriendo Camino, compuesta por Manuel Martínez Daglio, 1971. Traducción de María José Llort.

31 Entrevista a Joseph Anibal Fuentes.

32 Entrevista a Roberto Burgos

33 Entrevista a Fernando Llort.

34 Entrevista a Roberto Burgos

35 Entrevista a Fernando Llort

36 Entrevista a Juan Pablo Llort.

37 Heidenry, Rachel. "El Salvador: La política del arte y la memoria". Centro Pulitzer de Reportajes de Crisis, Washington, DC. 15 de febrero, 2012.

38 Entrevista a Fernando Llort.

39 Entrevista a Mercedes Llort.

40 Centro por la Justicia y la Rendición de Cuentas El Salvador. "Justicia Transicional en El Salvador". https://cja.org/what-we-do/transitional-justice-initiatives/el-salvador.

41 Web de Fernando Llort.

42 Ibídem.

43 Bermúdez Liévano, Andrew (colaborador). "Salvadoreños protestan por destrucción de mural pacifista". Citando a Oscar Jiménez. The Observer, 5 de marzo de 2012. https://observers.franc eople-tiles-floor-artist.

44 Entrevista a Fernando Llort.

45 Heidenry, Rachel. "Arzobispo ordena destrucción de mural salvadoreño". Especial para The Pulitzer Center on Crisis Reporting, Washington, DC. Enero 6,

46 Sheaffer, Caroline J. y Donald J. Seiple. Entrevista a Fernando Llort. Afligidos de Esperanza. 15 de enero de 2014. http://embracesaviour.org/fernando.llort.

47 Rueda de prensa de Fernando Llort. https://www.elsalvadorperspectives.com/2012/01/fernando-llort-responde-a-la-destruccion.html.

48 Andrés Bermúdez Liévano, periodista independiente. Publicado en el grupo de Facebook Indignados por el Mural. 3 de mayo, 2012.

49 50 Menjivar, Elmer L. y Mary Night Light. "Me dio risa cuando el arzobispo habla de un ojo Mason". Entrevista a Fernando Llort. El Lighthouse Express, 6 de noviembre de 2013.

50 Publicación de Instagram de María José Llort, 30 de diciembre de 2020.

51 Cerén, Presidente Salvador Sánchez, Alianza noticias metropolitanas. 11 de Agosto, 2018.

BIBLIOGRAFÍA

Aragón, Carlos Francisco, "El Planeta de los Cerdos". Letra y música de Carlos Francisco Aragón, 1971. De la transcripción en inglés de Nicasio Jaragua para el Archivo Histórico Revolucionario Salvadoreño, Índice de la MCA, 2010.

Bermúdez Liévano, Andrés, periodista independiente. Publicado en el grupo de Facebook "Indignados por el Mural". 3 de mayo de 2012.

Bolívar, Pablo. "Fernando Llort: Mis maestros fueron los Mayas." Diario1.com, 2 de diciembre de 2013.

Cuidado, David. El año de las barricadas: un viaje hasta 1968. Nueva York: Harper and Row, 1988.

Centro por la Justicia y la Rendición de Cuentas El Salvador. "Justicia Transicional en El Salvador". https://cja.org/ what-we-do/transitional-justice-initiatives/el-salvador.

Chavez, Joaquin M. "Operación amor, hippies, músicos y transformación cultural en El Salvador". El Manual de Routledge de los Sesenta Globales: Entre la Protesta y la Construcción de la Nación. Chen Jiam, Martin Klimke, Masha Kirasirova, Mary Nolan, et al. Londres: Routledge, 2018.

Chávez Escobar, Ana Margarita and José Manuel Carranza Bonilla. Las 100 Historias que Siempre Quise Saber: Personas exitosas de El Salvador. San Salvador Editorial G.T.C., 2011.

De La Cruz, Claudia M. "¿Puede el arte representar a un país? En busca de las identidades culturales y nacionales salvadoreñas a través de la literatura, la poesía y el arte del siglo XX". Tesis de maestría. 29 de marzo de 2016. https://dukespace.lib.duke.edu/dspace/bitstream/handle/10161/11828/ DeLaCruzC-MastersProject-OFICIAL. pdf?secuencia=1.

Doyle, James. "Escultura maya antigua". Cronología de la historia del arte de Heilbrunn. Nueva York: Museo Metropolitano de Arte, 2000.

Estrada Quiroz, Aldo. "Arte y artesanía de La Palma: orígenes y trayectoria de una expresión cultural de El Salvador contemporáneo." México: agosto de 2005. Estrada Quiroz, Aldo. "Artesanías de La Palma: Color para una Nueva Identidad Salvadoreña". Dic. 2006. Págs. 53-88. Editorial CIDAP Revista Artesanías de América, No. 62. Proyecto MUSE.

Fernando Llort, "Discurso de Fernando Llort como Premio Nacional de Cultura 2013". El Faro, 6 de noviembre de 2013.

Web de Fernando Llort.

Dedo, Tomás. "El Arte de Fernando Llort." Diálogo: Centro de Investigación Latina, Universidad DePaul. V Volumen 16, Número 1, primavera de 2013, págs. 98-112. Proyecto MUSE, Prensa de la Universidad de Texas: 2013.

González, Óscar. "Fallecio el ceramista salvadoreno y escultor Cesar Semeno," La Prensa Grafica, 8 de mayo de 2018. https://www.laprensagrafica.come/cultura/Fallecio-el-ceramista-salvadoreno- y-escultor-cesar-Sermeno-20180508- 0031.html.

Guevara, Ricardo. "Artesanos en el camino de la superación." El Diario de Hoy, 20 de junio de 2002.

Heidenry, Raquel. "Arzobispo ordena destrucción de mural salvadoreño". Centro Pulitzer de Reportajes de Crisis, Washington, DC. 6 de enero de 2012.

Heidenry, Raquel. "El Salvador: La política del arte y la memoria". Centro Pulitzer de Reportajes de Crisis, Washington, DC. 15 de febrero de 2012.

Hernandez, Evelia. "Mi Padre Siempre Compraba Una Camioneta..." El Diario De Hoy, 8 de noviembre de 2016.

Indignados por el Mural. http://www.facebook.com/Indignadosporelmural, marzo de 2012.

Lemoyne, James. "En Salvador Village, ¿puede haber paz mental?" Especial para The New York Times. 20 de marzo de 1987.

Koch, Alexander, Chris Brierley, Mark Maslin y Simon Lewis. "La colonización europea de las Américas mató al 10% de la población mundial y provocó un enfriamiento global". The Conversation, University College London, 31 de enero de 2019. https://theconversation.com/us/topics/central-america-11994?page=2

Martínez Daglio, Manuel, compositor y letrista de "Abriendo Camino". Grabado por La Banda del Sol. Unidad, Media Muv Discos, 1971.

Menjívar, Élmer L. and María Luz Nóchez. "Mi dio risa cuando el Arzobispo hablo de un ojo mason." Entrevista a Fernando Llort. El Faro Express, 6 de noviembre de 2013.

Molina, Rodolfo Francisco, curador. Fernando Llort: abriendo camino: exhibición retrospectiva de Fernando Llort, 12 de julio al 19 agosto 2012, Sala Nacional de Exposiciones Salarrué. San Salvador: Fundación Fernando Llort.

Morris Young, Dan. Serie de reportajes "Memorias de Romero". Reportero católico nacional, 24 de marzo de 2018.

Nochez, María Luz. "Adiós al artista omnipresente: la herencia de Fernando Llort." El Faro, 12 de agosto de 2018.

Raftree, Linda. "Sobre Pueblo y Catedral, Ruina y Reconstrucción". ¿Esperar lo? 3 de enero de 2012. http://lindartree.com/2012/01/03/on-pueblo-and-cathedral-ruin-and-rebuilding.

Sheaffer, Caroline y Donald J. Seiple. "Afligidos de esperanza". Abrazando a El Salvador, ministerio de extensión de la Iglesia Evangélica Luterana de San Esteban, New Kingston, PA. http://abrazandoelsalvador.org/fernando.llort.

Silva, Mauricio. "Los primeros años de Llort". Revista FACTUM, 17 de agosto de 2018. https://www.revistafactum.com/primeros-anios-llort.

Smith, Victoria C., Antonio Costa y Gerardo Aguirre-Díaz et al. "La magnitud y el impacto de la erupción de Ilopango, El Salvador, en 431 EC Tierra Blanca Joven". Actas de la Academia Nacional de S Sciences of the United States of America (PNAS), v. 117, No. 42.

Personal Interviews

Fernando Llort. San Salvador, El Salvador, August 7, 2018.

Estela Llort Chacón, Fernando's widow. San Salvador, El Salvador, October 21, 2019.

Juan Pablo Llort, Fernando's oldest son. San Salvador, El Salvador, October 24, 2019.

María Cristíne Llort, Fernando's sister. San Salvador, El Salvador, October 24, 2019.

María José Llort, Fernando's daughter. Communications via email.

Mercedes Llort Wise, cousin of Fernando. Communications via Skype: February 18, 2020, April 10, 2020.

Roberto Enrique Burgos, La Palma artist. La Palma, El Salvador, October 25, 2019.

José Anibal Fuentes, San Salvador artist at El Arbol de Dios. October 21, 2019.

Julio Medrano, friend of Fernando. San Salvador, El Salvador, October 24, 2019.

CRONOGRAMA DE LA VIDA DE FERNANDO LLORT

1949	7 de abril. Nace Fernando Llort en San Salvador.
1953	Comienza primer grado a los 4 años con dispensa especial.
1964	Graduado de bachillerato a los 15 años (*del Liceo Salvadoreño*).
1965	Estudia con el pintor y maestro ceramista César Sermeño en la *Escuela Nacional de Bellas Artes*.
1966	Estudia arquitectura en la Universidad de El Salvador. Comienza sus estudios de seminario en Francia.
1968	Se gradúa en filosofía y comienza sus cursos de teología en Bélgica.
Década de 1970	Crecen las actividades guerrilleras y las protestas en El Salvador.
1971	Fernando rechaza la arquitectura, regresa a San Salvador. Forma "La Banda del Sol", que se convierte en una popular banda de rock.
1972	Se traslada a La Palma, comienza talleres de arte. Conoce a Estela.
1973	Fernando y Estela se casan y trabajan juntos ayudando a los artistas del pueblo.
1977	Fernando y Estela fundan una cooperativa de artistas en La Palma. General Carlos Romero elegido presidente. Violencia persistente, escuadrones de la muerte. Se intensifican las actividades guerrilleras.
1980	24 de marzo. Asesinado el arzobispo Óscar Romero. Comienzo de la Guerra Civil.
Década de 1980	Fernando y su familia huyen de las amenazas a México. Regresa a San Salvador, establece nuevo taller y clases. Su arte se presenta en museos y exhibiciones en América Central, Europa, Asia y Estados Unidos.

1989	Establece la Fundación Fernando Llort para promover las artes salvadoreñas y brindar alternativas a la violencia de las pandillas.
1992	La firma del Acuerdo de Paz de Chapultepec en la Ciudad de México pone fin a la guerra.
1997	Comisionado por el Arzobispo de San Salvador para diseñar y construir un mural para la restauración de la Catedral Metropolitana en celebración de la paz.
1999	Marzo. Inauguración de la Catedral restaurada.
2011	Diciembre. Comienza la destrucción de la fachada de la Catedral.
2012	Creación de *Abrazo Fraterno* con fragmentos de Mural.
2018	Muere Fernando Llort a los 69 años.

HONORES SELECCIONADOS

1986	Premio Nacional al Exportador, categoría artesanías. Otorgado por el Ministerio de Comercio Exterior.
1998	Premio de Imagen. Otorgado por la Cámara Salvadoreña de Turismo.
2003	Honrado como Hijo Meritísimo (Hijo Distinguido) de El Salvador. Otorgado por el Congreso Legislativo de la República de El Salvador.
2004	Premio Ingenio, categoría pintura. Otorgado por el Centro Nacional de Registro.
2008	Premio Cultural, Lic. Antonia Portillo de Galindo. Otorgado por el Centro Cultural Salvadoreño Americano (CCSA).
2008	Emisión de sellos postales en honor a su aporte al desarrollo del movimiento artesanal en El Salvador.
2012	Premio Nacional de Turismo. Hugo Martínez, Ministro de Relaciones Exteriores de El Salvador, elogió a Fernando por "darle al país un símbolo que lo caracteriza y que lo convierte en portador de nuestra cultura nacional".
2013	Premio Nacional de Cultura de El Salvador.

La autora

Teddi Ahrens tiene experiencia profesional en sociología y educación pero ha estado escribiendo desde el tercer grado. Sus historias y actividades favoritas son con los niños, ya sea escribiendo sobre ellos, leyendo con ellos o creando artes y manualidades con ellos. Su otro amor es viajar, especialmente explorar sitios antiguos en todos sitos que vaya y aprender sobre las personas y culturas que se encuentran allí. Así hizo el maravilloso descubrimiento de Fernando Llort y su arte. Y así fue como llegó a escribir *Painting Joy (Pintando Alegría).*

Fernando Llort with the author, August 2018